Réussis ta vie !

Conseils pour tous les âges :
du jeune au dinosaure

Guy Gilbert

Réussis ta vie !

*Conseils pour tous les âges :
du jeune au dinosaure*

Philippe Rey

Introduction

Dans un ouvrage de science-fiction : *Le Guide du voyageur galactique,* les habitants d'une planète pensent, grâce à la science considérable qu'ils ont accumulée, résoudre une bonne fois pour toutes le problème du « sens de la vie ». Ils demandent donc à un super-ordinateur de leur donner la réponse à cette grande question de tous les temps. L'ordinateur réfléchit pendant… sept millions et demi d'années, et enfin leur donne une réponse : « 42 ».

Mais… il estime que la question reste encore à déterminer.

Alors, plus une seconde à attendre. N'y allons pas par quatre chemins : paisible et tranquille, une vie réussie ? Certainement pas, ce serait se replier sur soi-même… À quoi bon vivre cette vie-là ! Pas question !

Une vie réussie est une vie dure, exigeante, où vous

allez en baver. Parce que les autres ne vous laisseront jamais indifférent. Parce que vous vibrerez à toute misère, toute souffrance et que vous serez là pour apaiser et réconcilier.

Une vie réussie est une vie où vous saurez prendre du temps pour vous-même. La puissance que vous emmagasinerez vous rendra fort, ardent et plein de discernement pour le service des autres.

Une vie réussie sera une vie où la prière et le silence seront vos atouts maîtres. Une vie où votre famille sera grâce pour vous et les vôtres.

Enfin, une grande puissance d'écoute pour tous ceux et celles qui vous solliciteront : famille, voisins, amis et emmerdeurs de tout poil.

Je vous souhaite d'être toute votre vie un être de miséricorde. Notre monde a un immense besoin d'êtres humains qui pardonnent et sachent demander pardon. Seuls ces hommes et ces femmes donneront au monde l'oxygène qui le fera vivre.

Je vous souhaite donc une superbe vie, où vous allez en baver, c'est sûr, mais pour apporter la joie et l'amour sur notre planète !

Aiguisez vos sens !

Au début de l'aventure de votre vie, vous êtes un peu comme ces personnages de romans pour la jeunesse « Un livre dont vous êtes le héros ». Vous disposez pour réussir votre quête de tout l'équipement nécessaire. Dans votre sac il y a cinq sens que vous devrez préserver, plus les dons nécessaires que vous devrez magnifier.

Aimez votre corps au cours de cette magnifique aventure, respectez-le. Soyez-en le maître. Chaque partie de vous-même est une merveille. Jouissez de vos sens, sans exacerber le plaisir que vous en tirez. Que vos cinq sens soient un hymne de louange à la Création !

En éveil

Si j'aime tant monter dans les arbres, c'est que cet exercice met tous mes sens en éveil : je touche l'écorce de l'arbre de mes mains, je savoure l'odeur de son tronc – j'aime la sève du pin –, je contemple sa forme et sa beauté, j'entends le vent dans ses branches, ou ses craquements quand il fait chaud.

Un jour, j'ai assisté au bourgeonnement d'un arbre. Au printemps, il y a un moment précis où la chaleur fait éclater tous les bourgeons. C'est un milliard d'infimes petits bruits. Soudé à l'arbre, j'entendais avec ravissement la forêt vibrer dans une myriade d'éclatements. Mes chiens, le museau tourné vers la cime, s'inquiétaient de mon retard. Ils devaient craindre sans doute mon envol vers le Royaume des cieux, le royaume aux mille saveurs.

L'ouïe, passerelle vers l'inouïe

Une surdité momentanée, parfois définitive, déclenche un raz de marée de tristesse. Vous ne reconnaissez plus la voix de l'être aimé. Tout n'est plus que souvenir : rires d'enfants qui sortent de l'école, murmure du vent dans les arbres, train qui passe au loin, chant d'une source, chœurs d'un opéra. Pour ceux qui sont condamnés au silence, nous devons avoir une compassion très forte.

Et puis, le temps faisant, certains transmutent leur handicap. Ayant apprivoisé le silence, ils ont appris à ne plus en avoir peur, Le violoniste Yehudi Menuhin disait du silence qu'il était « la racine de l'existence et par là l'équilibre de la vie ». Et Euripide que l'on ne doit parler que si l'on a des mots plus forts que le silence.

Nos vieux entendent mal… dit-on. Ne croyez pas que tous soient sourdingues ! C'est un autre privilège de l'âge que de profiter de ce handicap, que de faire le tri dans ce que l'on veut entendre. Ma grand-mère entendait absolument tout mais prétendait être dure de la feuille ! Vous parlez librement près du pépé et lui, pendant ce temps, il se régale…

Le bruit poison

Les bruits font partie de la vie, mais ils peuvent facilement s'apparenter à la mort. Soyez persuadés que celui qui emplit vos vies de citadins est une des pires saloperies qui vous soient faites. Vous n'êtes pas forcément coupables de la pollution sonore qui vous envahit – on ne choisit pas toujours son type d'habitat ou son lieu de travail – mais votre culpabilité apparaît quand vous pouvez vous éloigner du bruit et que vous refusez de le faire.

Une famille peut vivre dans la plus bucolique des maisons, mais connaître l'enfer à cause des gadgets, télés, chaînes hi-fi, jeux vidéo, téléphones portables, qui s'incrustent partout et déstabilisent jeunes, adultes et anciens. Le pire est de s'habituer à ce poison. Une de nos carences les plus graves n'est-elle pas de refuser toute introspection, tout retour sur soi, en s'entourant de bruit ?

Silence

N'oubliez pas, sur le chemin de votre vie, que l'ouïe est une passerelle vers l'inouï. Quel temps de silence prenez-vous chaque jour ? Cet inestimable moment doit être un rendez-vous quotidien ! Il suffit de le programmer. Prenez dix minutes chaque jour pour voir vos ombres et vos lumières. Ce n'est pas réservé qu'aux vieux philosophes et aux curés. Si vous avez perdu le silence en cours de route, acharnez-vous à le retrouver, il est un trésor inestimable sans lequel vous ne pourriez vivre.

Pour réussir votre vie, pensez à écarter ce bruit qui efface tout désir de se mettre en face de soi, qui biffe ce que vous avez de plus précieux en vous : vos espaces de profondeur et de vérité. Combien de couples ont perdu pied en négligeant d'assumer cette part de silence ?

Croyants et incroyants, trouvez dans le silence l'espace vital pour accéder à la contemplation. Et cette joie restera dans votre cœur. Conservez ce silence précieusement tout le long de votre voyage.

L'odorat, essence de la mémoire

Avez-vous déjà essayé de décrire une odeur nouvelle ? Vous verrez combien c'est difficile.

L'effet reçu dépasse le simple plaisir ou déplaisir. Odorat et émotion sont étroitement liés. Rentrant chez vous, dans votre maison, après une longue absence, vous redécouvrez son odeur, à laquelle vous ne preniez plus garde. Combien de fois une odeur arrive sans qu'on s'y attende ? Aussitôt, on remonte dans son passé. On s'interroge : « Où était-ce ? »

Elle me replonge dans ma mémoire, elle m'oblige à un retour sur moi-même. La simple odeur des tartines grillées me renvoie en une seconde plus de soixante ans en arrière. Chaque fois qu'en Provence, au bord de la cheminée, j'approche un morceau de pain du feu pour ensuite y faire fondre un peu de beurre salé, je revois mon grand-père.

L'odeur est un sentiment qui peut nous aider à nous recentrer sur nous-même. Allez vous recueillir dans les odeurs comme vous allez chercher le silence… « Recherchez l'air pur de la forêt ou celui des champs, car c'est là, dans cette ambiance, que trouverez l'ange de l'air », dit un vieux texte mystique (*L'Évangile de la paix de Jésus-Christ par le disciple Jean*). Je vous en cite quelques lignes :

« Déchaussez-vous, quittez vos habits et laissez l'ange de l'air embrasser tout votre corps. Puis respirez lentement et profondément afin que l'ange de l'air puisse pénétrer en vous. Je vous le dis en vérité, l'ange de l'air chassera de votre corps toutes les impuretés qui le souillaient extérieurement et intérieurement. Et de la sorte toutes les mauvaises odeurs et toutes les impuretés s'échapperont de vous comme la fumée du feu, qui ondule dans l'air et se perd dans l'océan des cieux. »

Une infirmière m'a expliqué que chez une personne en fin de vie qui ne se nourrit plus, les huiles essentielles apportent un bien-être certain. Quand il n'y a plus de mots et que les mains sont vides, une odeur agréable peut créer une ambiance de chaleur, de sécurité, d'amour. Les odeurs sont comme le « pain des anges ».

Le goût, le goût de soi

Je mange peu. Je ne prends qu'un repas par jour. Mais j'ai mes plats préférés. J'adore le pot-au-feu. Si, par bonheur, je me rends à dîner chez des amis qui m'ont préparé un bon pot-au-feu, je salive un kilomètre par avance !

Sentir l'odeur de la cuisine avant de déguster son mets favori est un plaisir sans pareil. Couper un fruit aussi. Faire fondre lentement un chocolat dans sa bouche et découvrir toutes les nuances de ses saveurs… Certains chocolats sont mes madeleines de Proust, mes tartines grillées ! Nous n'en mangions que deux fois par an. Ils me « libèrent », ils me ramènent à la Libération ! Quand les Américains sont arrivés, ils nous en jetaient des tablettes…

Plus profondément, « l'être devient ce qu'il consomme ». Souvenez-vous-en, lors de votre cheminement.

Le goût, c'est aussi l'olivier, symbole de paix. Un verset coranique dit que Dieu « tient sa lumière d'un arbre béni, l'olivier, dont l'huile éclaire, ou peu s'en faut, sans même que le feu y touche ».

La vue

« La lampe du corps, c'est l'œil », disait saint Matthieu. Contempler des paysages, des couleurs, des fleurs… quel plaisir pour les yeux ! Mais voir apporte aussi la désagréable sensation d'impuissance et de dégoût à l'heure des informations à la télévision. Voir des gens massacrés, affamés… Que ces « troubles de ta vision » te poussent, sur le chemin de ta vie, à l'engagement. Car s'il y a l'œil physique, il y a surtout l'œil du cœur. Que la morale te pousse à bien voir. Sans l'œil du cœur, la création perd toute raison d'être.

Cultive ton regard

Pas devant une glace, évidemment.

Des regards, le Christ en a deux : celui qui fixe l'apparence qu'offre toute personne, et celui qui voit ce qu'il y a d'intime et de meilleur en chacun. Mais comme il va vite en besogne, parce qu'il est le Christ et qu'il est l'Amour, ces deux regards n'en font qu'un seul.

Il rencontre des femmes et des hommes, des jeunes et des anciens, des petits et des grands, des maigres et des gros, des tordus et des bien roulés, des sympas et des chiants, des bavards et des silencieux, des incultes et des cultivés, des riches et des pauvres, des blancs et des basanés… Mais de cela il s'en fout. Et complètement. Il regarde au fond de l'âme de chacun. Alors tout bascule chez l'autre. Parce que le Christ ne voit qu'avec le cœur. Parce que son regard ne juge jamais. Parce qu'il voit l'invisible d'un être, ce qui l'anime de l'intérieur.

Et sa puissance d'Amour fait fondre toute certitude bidon, tout faux-semblant. Ou alors son regard s'émerveille de tant de splendeurs cachées dans certains êtres. Et c'est lui qui fond devant la foi ou la sublime pauvreté de certains êtres qu'il côtoie.

Il dit d'un militaire : « Je n'ai jamais vu une foi aussi grande. » Il dit d'une pauvre femme glissant son obole dans un tronc : « Le dernier sou que cette femme a donné, on en parlera jusqu'à la fin des temps. »

Pourrais-tu avoir le regard du Christ ?

Absolument. À condition de le lui demander tous les jours. « Donne-moi ton regard ! Fais-moi voir dans l'autre, qui va encore me faire chier toute la journée, son immense pauvreté. Aide-moi à comprendre que c'est sa soif inextinguible d'être remarqué, écouté et de compter pour quelqu'un qui le rend si gonflant.

« Fais-moi oublier, chez tous les tapeurs qui vont frapper à ma porte, leurs seules exigences de fric, fais-moi croire qu'ils ont soif d'autre chose, infiniment plus riche, qu'ils n'osent pas me demander.

« Fais-moi être patient au téléphone pour ne pas écourter l'appel lointain et habituel du vieux parent qui va me bassiner avec son lumbago et ses névralgies faciales.

« Fais-moi me souvenir de ton ultime regard vis-à-vis de celui qui était à côté de toi sur la croix et qui estimait sans doute qu'il ne valait pas grand chose. Sa pauvreté, son humilité, sa détresse t'ont vrillé le cœur une dernière fois. Tu ne pouvais pas faire autre chose que l'inviter à te rejoindre, dès le supplice de la croix achevé. C'était ton dernier regard… sur la terre. Tu nous l'as laissé, ce regard. Pour contempler chaque visage. Pour regarder ce qui l'anime de l'intérieur.

« Donne-moi ton regard. »

Une main qui touche, une voix qui apaise, un silence qui accompagne

Saint-Exupéry faisait dire au renard du *Petit Prince* : « On ne connaît que les choses que l'on apprivoise. Les hommes n'ont plus le temps de rien connaître. Ils achètent des choses toutes faites chez les marchands, mais comme il n'existe point de "marchands d'amis", les hommes n'ont plus ou peu d'amis. Si tu veux un ami, apprivoise-le ! »

Par notre peau, grâce au toucher, nous ressentons, aimons, détestons…

Observez les amoureux ! Observez cette infirmière qui masse longuement le corps de cet homme atteint d'une maladie grave, et qui n'a plus les mots pour exprimer sa douleur, son angoisse… Le merveilleux langage gestuel permet d'aller à leur rencontre, de leur donner ce que l'on est, une présence réelle et humaine.

Notre peau est messagère d'une infinité d'émotions, de notre vécu psychologique, spirituel. Les caresses permettent de ressentir ce vécu, ces émotions, d'apporter un réconfort, un apaisement à une peur enfouie au fond de l'être. Elles donnent au patient la sensation d'être encore une personne après tant de traitements inconfortables, agressifs et débilitants.

Certaines personnes bondissent de trois mètres quand on les touche. C'est que leur peau n'a de souvenir que maltraitance. La peau a une mémoire, comme le goût, la vue et l'ouïe.

Toucher et être touché pour ne pas devenir un intouchable.

Les dons

En plus des cinq sens, vous avez reçu tous les dons nécessaires à votre épanouissement. Sachez les cultiver au cours de votre vie.

La sagesse

Un jeune bouscule par inadvertance un homme âgé. Le vieillard l'apostrophe : « Respectez au moins mes cheveux blancs !

– Qu'en as-tu fait ? » lui rétorque le jeune, tout de go.

Pertinente remarque. La sagesse, ce n'est pas le nombre des années qui la donne.

Lorsqu'on reçoit le sacrement de confirmation, le premier don est celui de la sagesse, c'est-à-dire le don du gouvernement et du discernement. Le « gouvernement » est simplement la capacité de tous ceux qui ont une responsabilité, petite ou grande, à aider les autres – et soi-même – à vivre debout.

Discerner consiste à savoir ce qu'il faut faire et ce qu'il faut dire au moment où l'on agit et où l'on s'exprime. Discerner, c'est savoir reconnaître les signes et prendre ses responsabilités si l'on a fait une erreur ou si l'on a commis une faute. Le discernement permet de choisir un métier, ses valeurs. Vous en aurez rudement besoin tout au long de votre vie !

L'intelligence

Il s'agit avant tout du don de la compréhension des situations humaines, qui est très différent de l'intelligence cérébrale. Savez-vous comprendre les autres, les regarder avec les yeux de l'amour ? Êtes-vous capables de détecter et de comprendre les autres de l'intérieur, de deviner leur situation, leur misère ?

Certains d'entre vous comprennent immédiatement les autres, ils ont l'intelligence du cœur et l'intelligence de l'écoute, du dialogue.

Le conseil

Ce don vous permettra d'aider celui qui traverse une situation humaine difficile ou complexe. Ici encore, vous aurez besoin d'une bonne dose de dialogue et d'écoute. Quand on est perdu, il est très difficile de voir clair en soi. L'autre, avec son regard neuf, peut aider. Lorsque je reviens en Provence auprès des mômes, après trois semaines d'absence, j'ai déjà entendu les échos de leurs activités par téléphone, quotidiennement. Les éducateurs ont un très bon discernement et me téléphonent fréquemment, mais, après une absence, j'arrive tout neuf. Je suis donc mieux à même de discerner.

La force

C'est le don du « devoir ». Ce terme est difficile à faire admettre aux plus jeunes d'entre nous et à pas mal d'adultes. Mes vieux m'ont appris le sens du devoir : faire ce que l'on doit faire au moment où on doit le faire, même si c'est pénible. Ma mère était la dernière couchée et la première levée pour s'occuper des enfants.

On m'a appris à faire d'abord ce que je « devais » faire. Cela implique toujours de faire en premier ce que l'on n'aime pas. J'ai aussi appris cela au séminaire. Aujourd'hui, j'attaque ma pile de courrier en commençant par les lettres les plus difficiles et les plus chiantes. Et je termine par les plus flatteuses et les plus agréables. Cela donne une force pas possible.

Bien exécuter sa tâche, avec amour, donne la possibilité apaisante de faire ce que l'on dit et de dire ce que l'on fait.

La science

Ce cinquième don vous permettra d'étudier la parole de Dieu. Certains évangiles sont très faciles à comprendre : « Aimez-vous les uns les autres. » Ou : « Vous regardez la paille dans l'œil du voisin… » Mais il y a des paroles divines plus obscures. L'Esprit-Saint vous aidera à étudier la parole de Dieu. Grâce au don de science, vous pourrez « approcher » ses mystères. Vous ne pouvez pas comprendre les mystères, mais vous pouvez les approcher si vous évoquez l'Esprit-Saint.

Certains enfants sont inspirés. J'en ai parfois rencontré. Habités par Dieu, ils nous permettent par leur présence de percevoir l'éclat divin des mystères. Être aux côtés de ces saintes personnes permet de ressentir comme une émanation de l'amour et du mystère de Dieu. Inutile de chercher à comprendre : leur rayonnement est là. Ça suffit. Il dépasse la compréhension ordinaire des choses.

La piété

Comment approcher Dieu sans être attaché à son service ? Sans présence au culte, il n'y a pas de piété. Certains chrétiens disent qu'ils aiment bien prier Dieu seuls dans l'église.

Je sais qu'ils sont nombreux à dire cela.

Mais le culte est important ! La confirmation est

liée à l'Eucharistie. Le culte consiste à se rassembler pour prier et se rattacher au service de Dieu. La prière personnelle n'est pas la prière collective. La première manifestation de l'Esprit-Saint passe par la liturgie. L'Esprit-Saint est l'âme de la liturgie. Il convoque mystérieusement les fidèles, leur permet de comprendre la parole proclamée et agit dans les sacrements. Les lectures doivent être bien prononcées. La parole de Dieu doit être audible par tous. Chacun doit prêter toute son attention pour l'écouter.

J'aime entendre déclamer les textes d'une voix jeune, forte, nette et vibrante. C'est superbe d'assister à une lecture pleine de foi intérieure. Lorsque je l'entends, je ne manque jamais de féliciter la personne, à la sortie de la sacristie : « Bravo, mon pote, ta lecture était excellente ! »

Les douze fruits

Pour réussir votre vie, l'Esprit-Saint vous envoie les douze fruits de ses dons : « L'amour, la joie, la paix, la longanimité, la charité, la bénignité, la fidélité, la modestie, la tempérance, la miséricorde, la continence et la chasteté » (Galates, V).

L'amour : sans lui, les autres fruits ne sont rien.

La joie : « Soyez toujours joyeux », proclame l'Évangile. Quand vous rencontrerez un être pétant de joie, c'est un rayon laser qui vous illuminera.

La paix : tout nous pousse à la rancune, la jalousie, le refus du pardon. La paix en soi est un cadeau du ciel. Acharnez-vous à l'acquérir.

La fidélité : c'est dur de vivre la fidélité. Mais l'infidélité encore plus. De nombreux couples en font l'amère expérience.

La modestie : cherchez toujours le trou de souris pour vous y blottir. Se mettre en avant est périlleux.

La tempérance : buvez un bon verre, mais ne vous soûlez pas la gueule. Mangez bio et ne bâfrez pas. Vivez bien votre sexualité, mais ne pensez pas qu'à ça.

La miséricorde : elle manque tragiquement. On a tant besoin d'êtres de lumière qui osent dire : « Je te pardonne » ou : « Je te demande pardon ».

La chasteté : cherchez le plaisir de l'autre avant le vôtre. Ce sera la meilleure façon de proclamer « Je t'aime » sans le lui dire.

Les recettes de la joie

Pour réussir l'aventure de votre vie, il vous faut garder la joie. Il est si beau d'entendre Jésus nous dire : « Soyez dans la joie et l'allégresse car votre récompense est grande dans les cieux. »

Paul Claudel ne disait-il pas que nous n'avons d'autre devoir que la joie ?

La joie dont parle Jésus est celle que l'on éprouve au milieu des insultes, des calomnies et des persécutions. Comment pouvons-nous comprendre cela ? Comment, dans les souffrances et les deuils, pouvons-nous garder la joie ? Sans doute parce que la faim de bonheur est inscrite dans nos gènes, parce que notre soif d'amour est inextinguible.

La joie apparaît d'abord sous forme de plaisirs immédiats : quelques jours de ski de fond… au printemps voir les fleurs s'épanouir sur le bord des routes…

le chant des oiseaux dans les arbres, sur le toit… respirer une rose délicatement odorante ou contempler un paysage… Tiens ! il y a une carte postale dans ma boîte… Ces moments, nous en éprouvons une multitude dans nos journées… ils ne dépendent que de notre regard.

La vraie joie

La vraie joie n'est pas épidermique, elle est plus qu'un bien-être, elle n'est pas non plus possessive. Elle donne davantage qu'elle ne prend. Descartes disait qu'elle était « une bienfaisante émotion de l'âme ».

Nous devons distinguer cette joie du plaisir. Ces deux réalités sont proches, quasi jumelles. Le plaisir est bruyant, un peu brouillon, il s'agite comme des vaguelettes sur la mer… La joie est claire et forte, stable comme le plan d'eau d'un étang. Le plaisir est passager, je tente de m'y accrocher ; la joie authentique m'est donnée, elle est une bénédiction, elle est quelque chose d'éternel parce qu'elle vient d'en haut.

Où diable cachez-vous votre joie ?

Vous avez cette part merveilleuse de joie : la miséricorde. Elle met en état de joie permanente car, malgré votre côté pécheur, vous êtes certains que Dieu vous aime. Alors, où cachez-vous votre joie ?

C'est certain, il y a du moisi dans l'Église. Bernanos lançait cette diatribe : « Lorsque vous sortez du confessionnal, vous êtes en état de grâce. Eh bien, que voulez-vous, il n'y paraît pas beaucoup ! Nous nous demandons ce que vous faites de la grâce de Dieu. Ne devrait-elle pas rayonner de vous ? Où diable cachez-vous votre joie ? »

L'Église occidentale manque souvent de joie. Au cours des eucharisties que je célèbre, je vois parfois des assemblées mornes, des chants à peine murmurés…

Chaque fois que les gens chantent, je les salue et je les remercie. Je préfère cela aux chorales. Je les aime bien, les chorales et les gospels, mais (dans notre pays du moins) ils n'incitent pas à participer. Les fidèles écoutent et admirent, comme au concert.

Un concert n'est pas une prière.

Vivre dans le présent

Je vois souvent des personnes d'une tristesse incroyable, et je me demande comment elles ont pu perdre toute joie. Alors que d'autres ont des moments joyeux toute la journée, quoi qu'il arrive.

Si vous vivez une telle mésaventure, dites-vous que la première recette est de puiser dans les choses simples et naturelles de l'existence. Et puis de mitonner à feu doux…

Vivre dans le présent, d'abord. Vous êtes souvent engloutis, perdus dans votre passé ou projetés dans l'avenir. Alors vous n'éprouvez que remords ou craintes, et vous manquez les joies de l'instant présent. Vous ne voyez pas le temps qui passe.

Aimez à tout casser pendant vingt-quatre heures, vivez pleinement ces heures, investissez-vous. Hier n'est pas meilleur, demain on ne sait pas. Dieu vous a bâtis pour une journée.

Pour avoir une confiance absolue en ce qui vient, il faut vivre pleinement le moment présent. Le pire, c'est de vivre hier ou demain. J'appelle ça la « théologie des vingt-quatre heures » : vingt-quatre heures pour aimer et être aimé. Vingt-quatre heures pour les autres et pour Dieu.

La grâce de Dieu passe uniquement par le temps présent. Si vous acceptez tout avec amour, ce sera un chemin formidable et privilégié de sainteté. Tout faire par amour.

J'aime l'enseignement de saint François de Sales qui donne au moment présent une puissance extraordinaire : « Pensons seulement à bien faire aujourd'hui, et quand le jour de demain sera arrivé il s'appellera aujourd'hui, et lors nous y penserons. »

Les petits gestes

Au jour le jour, multipliez les petits gestes, « car il n'y a rien de petit au service de Dieu ». Le plus petit acte d'amour est béni de Dieu et « c'est rendre les petites actions fort grandes, que de les faire avec un grand désir de plaire à Dieu », disait une fois encore saint François de Sales.

Surtout l'acte qui n'est pas visible ! On pense généralement que c'est le geste que l'autre reconnaît comme bien, qui est bon aux yeux de Dieu, mais non, c'est l'acte solitaire que l'on fait pour Dieu.

J'aime ce passage de l'évangile où le Christ dit : « Si tu donnes un verre d'eau avec amour, il te sera rendu au centuple. » Un verre d'eau, qu'est-ce que c'est ? Rien du tout. Mais donné avec amour…

Quand je vais au restaurant, je suis très sensible à la manière dont les serveurs – ou serveuses – s'occupent de ma personne, et des autres évidemment. Certains manifestent une vraie attention : c'est très important.

Au séminaire, quand j'étais jeune, on nous apprenait à accomplir les petites choses avec amour, à mettre toute notre puissance dans ce que l'on faisait, au moment où on le faisait. S'appliquer. Pour cela, il faut accueillir l'événement, ne pas le subir : accepter, c'est différent. Seuls les hommes et les femmes de prière accueillent l'événement, l'assument.

Tout faire par amour

S'arracher à son « pucier » est une corvée. Je la subis depuis plus de soixante ans ! Dur, dur, de quitter un lit chaud, un oreiller douillet…

Heureusement la petite sainte Thérèse me souffle : « Tout faire par amour. » Alors je me sors de mon lieu de repos. Il est vrai que nous avons une inertie spirituelle très forte. On cherche, on bavarde… Où mettrai-je Dieu dans ma vie ? se demande-t-on. Voyons… où vais-je bien trouver une place… Alors que Dieu doit être simplement au cœur de notre vie. Si vous le mettez là dès le matin, alors votre joie intérieure sera profonde, quelles que soient les difficultés de la journée.

Autre épreuve : la toilette. J'ai toujours la même tendance à la bâcler. Alors je repense à cette phrase de la petite Thérèse. Cette fois, elle évite à mon rasoir, d'habitude fébrile, de me taillader la joue !

Faire ces gestes rituels avec amour vous semble banal, stupide et inutile ? Non ! S'impliquer avec amour dans le moindre geste est de l'ordre de la sainteté. Tout compte pour aimer. Soi, les autres et les plus petites choses.

En revanche, je ne ressens aucune lassitude pour attaquer la prière et faire l'Eucharistie. C'est de l'ordre du vital. Je l'ai expérimenté avec tant de force ! Prier m'est aussi nécessaire que respirer. Parfois, évidemment, une distraction, une grosse fatigue ou un téléphone portable interrompent ma méditation, donnant à ma prière un parfum d'inachevé.

Priez ! Respirez un bon coup !

La saveur du don

« Soyez le sel de la terre ! » Vous pouvez mettre de la saveur dans votre vie en partageant, en vivant en paix avec les autres. Que Dieu vous aide à être le sel de la terre et la lumière du monde. Qu'Il vous aide à donner gracieusement ! J'ai vérifié dans ma propre vie que tout ce que j'ai pu faire gratuitement m'a été cent fois rendu. En revanche, ce que j'ai fait avec intérêt…

Soyez don au service des autres.

Cela veut dire que, lorsque vous faites un petit geste gratuit au nom de Dieu, Il bénit ce geste. Il n'y a pas de grand ou de petit geste. Tout geste d'amour est un grand geste. Que vous soyez chrétien, bouddhiste, musulman ou athée, cela n'a aucune importance. La gratuité du don rappelle que les plus beaux gestes que nous pouvons poser sur terre sont des actes d'amour.

S'aider des anges

Au cours du pèlerinage de votre parcours de vie, vous rencontrerez des embûches, des difficultés de toutes sortes, et il vous faudra combattre. Sachez que vous pouvez toujours faire appel à votre ange ! C'est une arme vraiment magique que vous avez là.

Les anges sont vos protecteurs invisibles.

Ils sont adorables. Mais arrêtez de les voir dodus et

gras comme des moines avec des ailes de cygne blanches ou bleu pastel.

Dans les Écritures, dans la Bible et notamment dans l'Ancien Testament, ils sont très présents. Ils offrent nos prières à Dieu. Ils nous protègent, ils nous aident dans la pureté de nos gestes plus que nous le pensons ! Ils seront là à l'heure de notre mort.

Ils sont passeurs et ambassadeurs.

Il n'est pas rare que des parents découvrent leur gosse en train de parler à un être invisible… « C'est mon ange », leur répond-il. Croyez en sa sincérité. Ensuite, lorsque sa pureté s'estompe, l'ange devient invisible. Mais il reste toujours présent.

Demandez chaque jour sa protection à votre ange gardien. Dans le métier périlleux que j'exerce, au milieu de « jeunes démons », il me faut plusieurs anges, et être cinquième dan de karaté, judo, jiu-jitsu, full contact, taekwondo et kung-fu !

Un jour, un mec hyperviolent était « venu pour me tuer », selon ses dires. Eh bien, vous me voyez toujours devant vous, bien vivant… « Je ne sais pas ce qui m'a empêché de le faire », m'a-t-il avoué plus tard. Un ange veillait sur lui et sur moi, j'en suis sûr, ce jour-là.

Lorsque vous rencontrerez une personne que vous estimerez dangereuse, priez toujours votre ange gardien d'aller à la rencontre de son ange du bien. Vous constaterez souvent que le contact que vous pressentiez difficile sera finalement cool…

Alors, ne laissez pas au chômage ces êtres de lumière, ils n'attendent qu'un appel de vous ! Remerciez-les, engueulez-les, mais sachez que leur présence aimée et désirée vous ravira !

Luttez contre la désespérance

Il est vrai que les forces de l'argent, le pouvoir pour le pouvoir et le culte de l'apparence bousillent nos sociétés. Il est vrai que certains politiques s'en mettent plein les poches et profitent du pouvoir qu'on leur a confié pour s'enrichir. Le luxe de leur limousine et de leur jet privé vous écœure. Vous voyez s'étaler des fortunes extraordinaires, des trusts industriels démesurés partout à travers le monde… Et vous croyez traverser une époque pourrie.

Tout cela est vrai, et pire encore. Ces gens qui ont tout, et qui flambent leur argent à deux pas de ceux qui n'ont rien, vous révoltent et souvent vous démobilisent. Alors, plus que jamais, ne faites pas le jeu de ces fossoyeurs. Mettez-vous en marche et soyez les guerriers de l'Amour. Que vos armes soient le respect de tout être. Écoutez le monde avec votre cœur. Regardez-le avec les yeux de l'espérance.

Et partagez. Partagez sans retour.

Soyez solidaires. La solidarité, c'est porter l'autre jusqu'au bout : une personne, un groupe humain, une nation.

C'est toujours un combat. Il faut se manier le cul, se bouger les méninges, ouvrir son portefeuille et donner du temps.

Malheureusement, pour beaucoup, la solidarité est éphémère. Ils s'enthousiasment pour une cause et puis ils laissent tomber. Ils portent secours et, lassés, abandonnent l'autre dans sa merde. Ils passent à autre chose, « tournent la page »....

L'homme solidaire se doit de rester fidèle à son engagement. Dites-vous qu'une vraie solidarité pour une cause embrasse toutes les autres. Mille solidarités éphémères ne vaudront jamais une seule où la fidélité dans le combat s'affirme et ne se dilue pas.

À vivre pleinement, et sans modération, la solidarité !

Évangile à vivre

La spécificité de tout chrétien est l'Évangile à vivre et à proclamer. L'Évangile demande l'amour sans exclusive. C'est-à-dire être avec les voyous sans rejeter les flics, avec les pauvres en ouvrant sa porte aux riches, avec les humbles et n'avoir pas peur de fréquenter les puissants, avec les ouvriers sans oublier celui qui est leur patron...

Ce colosse de la charité que fut saint Vincent de Paul, galérien et aumônier général des galériens, était à la fois avec les filles perdues et avec les dames de la

Cour. L'Église, en le couronnant, a couronné l'amour universel.

« Si vous ne faites rien de dangereux, vous ne ferez rien », disait admirablement le cardinal Suhard. Ce prophète inspiré a résumé dans cette petite phrase tout le pouvoir d'insurrection de l'Évangile qui fait sauter toutes les barrières, mais jamais sans combat.

L'amour universel, vécu, porte de grands risques. Pas tellement physiques, notamment en Europe. Mais risque de s'appauvrir, risque de voir son confort grignoté, sa porte entrouverte – sortie parfois de ses gonds –, ses sécurités humaines hachées en petits morceaux, sa réputation en prendre un sérieux coup.

Aimez à tout casser

N'oubliez pas : seul l'amour vaincra les forces de haine, de vengeance, de refus de pardonner et d'accepter l'autre comme il est.

Ne mettez personne dans les poubelles familiales, relationnelles.

Aimez le plus pauvre, celui ou celle que tout le monde évite, à qui personne ne parle.

Si vous allez d'abord vers celui ou celle que vous ne pouvez pas blairer, vous faites avancer le monde à pas de géant. Je me fiche qu'on soit allé sur la lune, si vous n'êtes pas capable d'accepter les voisins chiants de votre immeuble.

Si vous faites l'effort d'aller toujours vers celui ou celle que vous ne sentez pas bien, alors vous deviendrez grand(e) dans l'amour.

Allez vers l'étranger. N'oubliez pas qu'il est une grâce pour vous. Il vous apporte le parfum, la culture et la religion de son pays.

Vous, les jeunes, vous vivrez au moins jusqu'en l'an 2050, 2070. Nous, les vieux, on se traînera péniblement jusqu'en l'an 2020. Alors, notre amour, on vous le passe. Prenez-le et multipliez-le.

Vous voyez comme il est « simple » de réussir sa vie. Il suffit d'aimer son pays, ses parents, ses grands-parents, ses enfants, ses amis, et tous ceux qu'on ne supporte pas… Il suffit de respecter la nature : ses pâquerettes, ses coquelicots et ses écureuils, sans compter les loups et les ours qui ont bien envie de vivre eux aussi chez nous !

Priez !

Sans Dieu, vous êtes paumé. Dieu veille au grain et vous a laissés libres. Si vous désespérez, un instant, au carrefour de votre vie, Il vous donnera l'espérance. Demandez-Lui.

Et si vous en avez marre d'aimer, demandez-Lui un cœur nouveau. Il en sait quelque chose puisqu'Il est l'Amour.

Si votre foi vacille, demandez-Lui de ranimer les

braises qui dorment dans votre âme et bûchez votre foi.

Dieu est le souffle d'amour qui vous foutra le feu pour que vous puissiez « vivre de telle façon qu'à votre seule façon de vivre, on pense qu'il est impossible que Dieu n'existe pas » !

Joie de vivre

Joie de vivre
Et de m'accepter tel quel
Et de vivre en société sans gêne.

Avoir des victoires sur soi-même
Me donne du plaisir à vivre.

Rendre service aux autres
Me remplit de bonheur.

Vaincre ma timidité par le rire
Et ma grande gueule
Me fait jubiler.

Ma joie de vivre,
C'est de faire la différence
Et de l'aimer.

Une grande joie,
C'est de redécouvrir la beauté
De l'œuvre de Dieu : la nature.

Joie de vivre
N'est que 24 heures dans la paix,
Humilité, honnêteté
Et l'amour que Dieu me donne
À chaque nouvelle vie.

Les tourtereaux et la famille

Réussir sa vie commence et s'arrête à l'amour, se confond avec lui.

Il peut passer par exemple par la réussite de son couple, puisque réussir sa vie se compte par l'amour que l'on donne et que l'on reçoit.

Je ne connais rien de plus envoûtant que ce mot. Mais il englobe tant de choses ! Il est ce qui fascine le bébé dès qu'il sort du ventre de sa mère, il habite le dernier regard du vieillard qui s'éteint.

L'amour humain est ce qui nous fait vivre. Il nous hante. Il nous fait renverser les montagnes et franchir les abîmes. Mais tout amour est fragile, parfois brutal, butant contre de nombreux obstacles. Il est un combat sans cesse renouvelé.

Une vie où une personne met tout sur le même plan (ses qualités, ses défauts, son oseille, sa baraque, ses champs, ses vaches et ses cochons) est une vie faite de moments durs, parfois terribles. Seul l'amour permet un bon discernement.

Je me souviendrai toujours de Michael me disant, tandis que je le mariais : « Tu te rends compte, Guy, je vais être avec cette gonzesse pendant quarante ans ! » C'est un sacré pari, évidemment. Dire qu'« aimer et être aimé, c'est souffrir » est un lieu commun, et les couples qui ont réussi à tenir sont vraiment lumière aujourd'hui.

Jeune on s'engouffre dans l'amour bille en tête, avec la richesse suprême de l'enfance, croyant qu'il est acquis, irréversible. Pauvre de nous ! On ne sait pas encore qu'aucun être ne peut tout donner, tout recevoir, dans une complémentarité paradisiaque et indestructible.

L'adulte, lui, le sait pour l'avoir expérimenté. Les meurtrissures l'ont rendu vigilant. Il panse ses blessures (pas toujours) et, parfois, jure de ne plus jamais se faire prendre dans ses filets. Mais il reste à l'affût de la quête prudente et insatiable du bonheur d'aimer et d'être aimé… Et (enfin !) il y retombe !

Les premiers pas de l'amour

Ne donnez pas votre cœur et votre corps sans préparation, sans attente. Votre vie risque de n'être qu'errance. À l'inverse, si vous y êtes super bien préparé, alors foncez. N'ayez pas peur de former un couple. Et puis, si vous mettez Dieu et le mariage dans le coup, y'aura pas de lézard !

L'homme et la femme qui s'unissent par le sacrement du mariage sont le signe de l'alliance de Dieu avec l'humanité. Cela signifie que Dieu est au cœur de leur amour et qu'il en est la force centrale. Je dis toujours aux tourtereaux : « Votre amour sera entaché de tout. Toi le mec, tu trouveras des femmes infiniment plus belles que celle que tu choisis maintenant. Et toi, la femme, tu trouveras des mecs beaucoup plus désirables en cours de route. Mais vous vous êtes préparés et vous vous êtes choisis, alors maintenant restez fidèles. »

Et c'est le « oui » qui va les engager.

Si un couple pense que seul l'amour humain les unit, ils ont tout faux. Seul l'amour de Dieu peut le faire. J'ai connu des couples qui auraient pu divorcer et se séparer comme le font des milliers d'autres, mais ils avaient un tel sens du Dieu-Amour qu'ils ont su pardonner les dérives de l'autre et continuent à vivre un amour merveilleux.

Dites-vous que personne au monde ne pourra vous donner la satisfaction totale de vos sens, de votre cœur. Celui ou celle que vous aimez peut mourir, peut être malade, peut vous trahir. Il faut que vous gardiez votre moi, très fort. C'est-à-dire votre cœur, votre corps, votre âme, tout ce que vous avez d'unique. Que vous

vous appuyiez sur vous-même et que vous alliez au-delà de vous, c'est ça la spiritualité.

Trouvez au-delà de vous-même une raison de vivre parce que sinon face à la trahison, à la souffrance et à la mort, vous allez bloquer.

Éducateurs de l'amour

J'ai connu des jeunes adultes qui ont su se préparer à rencontrer le cœur et le corps de l'autre : l'unique, le seul ou la seule, qu'ils attendaient et désiraient. Approuver cela n'est pas être un ringard affligeant, un prêtre conservateur ou un mec qui n'y connaît rien et qui devrait fermer sa gueule (je l'ouvrirai jusqu'au bout, ma gueule !), mais quelqu'un qui place l'amour au plus haut du plus haut de ce qu'un humain peut vivre.

La fidélité s'effrite, et pourtant elle dort en chacun d'entre nous. Auparavant, nos jeunes se préparaient au mariage en trois mois. « Il faut que cette préparation dure un an », ont annoncé les évêques. Je suis entièrement d'accord avec eux, je pense même que ce délai est encore trop court.

À l'aéroport d'Orly, un mec me reconnaît et me saute dessus. Beau gosse, cravate, ingénieur friqué, la trentaine. On a peu de temps. Il me révèle sa souffrance. « Je viens de divorcer, me dit-il, c'est très dur. Ça a été le coup de foudre et tout a été embarqué en six mois. Deux ans après, elle s'est barrée avec mon gosse ! »

Puis on s'est séparés, il partait pour un nouveau stage, après dix ans d'études. En le regardant s'en aller, je me disais que pour la plus grande aventure d'une vie, l'amour, il n'avait donné que six mois de son temps.

Je l'ouvrirai toujours, ma gueule, pour dire et redire que le corps de l'autre n'est pas un banc d'essai.

Moi, prêtre, je ne suis pas célibataire en amour : j'ai Dieu, j'ai tout misé sur Lui, cet éblouissant et si dur chemin de ma vie.

Petit, j'étais fasciné par les trois mots de l'Évangile de saint Jean : « Dieu est Amour. » Je me suis préparé longuement à la prêtrise. Je me souviens encore du moment de ma promesse, cinquante ans après. Avec le même éblouissement. Et je lui suis fidèle.

Quel amour passionné ! Sans l'Amour de Dieu, je me foutrais une balle dans la tête. J'ai été assez trahi, trompé, parfois sali, pour savoir que j'ai besoin de jeter tout en Celui qui est le seul fidèle et qui me donne la force de croire que j'ai à faire les « premiers pas de l'Amour », chaque jour.

Quelle joie de vivre avec Lui ! Mon aventure humaine tâtonne chaque jour dans cette recherche d'aimer et d'être aimé, qui est la mienne, qui est la nôtre.

Le conjoint d'abord

N'oubliez pas : le conjoint d'abord. Le regard des parents semble aller de plus en plus vers l'enfant, et exclusivement vers lui. C'est un détournement des priorités. C'est le couple qui est prioritaire. L'enfant n'arrive qu'après. Il est le fruit du couple. Le couple est charnière, roc, pierre d'angle. Un couple qui parle, discute et se pardonne, se solidifie pour être uni au service de ses enfants. Mais un couple qui ne pense qu'au gosse est un couple qui se manque.

Ne laissez jamais l'habitude, la lassitude s'installer. Il faut s'interroger, prendre du temps à deux, laisser les gosses à la belle-mère qui sera ravie, et foutre le camp dans la forêt ou dans un monastère. De plus en plus de couples le font. C'est super et c'est vital.

Le travail

Dans une journée de labeur, vous faites mille et un gestes répétitifs, vous dites mille et une paroles qui s'effacent aussitôt, et vos journées vous paraissent inutiles et harassantes. Et si vous mettiez tout l'amour possible dans ces gestes et ces paroles ? Si on s'attache à bien les remplir, nos journées seront réellement porteuses d'espérance.

Évidemment, certains métiers bouffent la vie au-delà du raisonnable. Chaque fois que j'offre un de mes livres à un routier, un chef de rang, un militaire, un policier, un barman ou autre, j'ai droit à la même réflexion : « Dédicace-le à ma femme qui m'a quitté (ou que j'ai quittée). Marque mon prénom et celui de mes gosses. »

Le travail peut être l'une de nos pauvretés. Mais même dans ce cas, souvenez-vous de la « théologie des vingt-quatre heures ». Ce travail, en le faisant précieuse-ment, vous en révélerez les pépites qui vous sauveront.

Perdre sa vie à gagner de l'argent dans un travail que l'on n'aime pas est difficile et usant. Je demande toujours aux personnes que je rencontre si elles sont heureuses de leur travail. Une sur deux me répond, hélas, que non.

Alors je leur demande :

« Mais pourquoi l'as-tu choisi ?

– Pour l'argent… »

Évidemment.

« Gagner du pèze. » Déprimante réponse. Une vie fondée sur l'argent est sans avenir. Je vous souhaite non pas de « réussir dans la vie » mais de « réussir votre vie », et de vivre vos rêves.

Et ne dites jamais : l'argent d'abord. Le travail n'est pas que synonyme d'argent. Qu'est-ce que l'argent, du moment que vous accomplissez la tâche que vous aimez ?

Chef à la place du chef

Ne semez point vos désirs sur le jardin d'autrui, cultivez bien le vôtre. « Ne désirez point de n'être pas ce que vous êtes, mais désirez d'être fort bien ce que vous êtes », dit saint François de Sales.

J'aime beaucoup, à ce propos, cette petite histoire qui remet les choses en place :

Quand le corps humain fut créé, toutes les parties du corps voulaient être chef.

Le cerveau disait : « Puisque je commande tout et que je pense pour tout le monde, je dois être le chef. »

Les pieds affirmaient : « Puisque nous transportons le corps là où il le désire et que nous permettons ce que veut le cerveau, nous devrions être les chefs. »

Les mains ajoutaient : « Puisque nous faisons tout le travail et que nous gagnons de l'argent pour entretenir tout le corps, c'est nous qui devrions être les chefs. »

Et ainsi de suite : le cœur, les poumons, les yeux… Enfin le trou du cul se fit entendre et demanda à être le chef. Les autres parties du corps éclatèrent de rire à l'idée qu'un trou du cul puisse être chef. Alors, vexé, le trou du cul se referma sur lui-même et refusa de fonctionner. Bientôt le cerveau devint fiévreux, les yeux se croisèrent, les pieds furent trop faibles pour marcher, les mains pendaient sans force, le cœur et les poumons luttaient pour survivre. Alors tous supplièrent le cerveau de se laisser fléchir et de permettre au trou du cul d'être chef. Ainsi fut fait.

Les autres parties du corps faisaient le travail tandis que le trou du cul dirigeait tout le monde, en s'occupant principalement… de la merde, c'était sa vocation première. Comme tout chef digne de ce titre. Moralité : il n'est nullement nécessaire d'être un cerveau pour devenir chef. Un simple trou du cul a nettement plus de chance. J'en sais quelque chose moi-même !

Quant à la gloire, la puissance, la notoriété, la célébrité, les décorations, les palmes, qu'en dire, sinon que ces grands mots me rappellent ce texte de Pétrarque sur la triple mort (in *L'Afrique*), que je vous appelle à méditer :

« Le temps passera, ton corps périra et tes membres seront ensevelis dans un hideux tombeau ; bientôt ton sépulcre lui-même tombera en poussière et le nom gravé sur le marbre s'effacera ; en sorte que tu succomberas, mon fils, à une seconde mort.

« Certes, plus durable et plus illustre sera la renommée confiée aux divins chefs-d'œuvre, néanmoins elle aussi sera offusquée à son tour. La génération qui vient chantera encore tes louanges, mais bientôt, oublieuse et lasse, elle se taira, et avec le cours des siècles naîtront des petits enfants qui ne se souviendront plus de rien… Les livres eux-mêmes mourront ; parce qu'il est juste que meure tout ce que le labeur des hommes a produit en un vain effort de l'esprit… Et quand les livres mourront, tu disparaîtras avec eux ; c'est ainsi que t'attend une troisième mort. »

Indispensable ?

Le silence a le don à la fois de relativiser et de dynamiser, de façon parfois stupéfiante, notre action. Il nous accule, en effet, à tourner notre regard vers Dieu. Cette immobilité est la source des plus riches moissons.

Il nous pousse, de plus, à ne pas nous croire indispensables. Donc à rejeter l'orgueil qui est une de nos plus puissantes tentations, une des plus destructrices.

J'ai constaté souvent que ma capacité de travail était accrue après les heures de silence que je m'impose, parfois au point de reporter des tas de rendez-vous quand je sens que je travaille dans le vide et que l'écoute m'est par trop pénible. La fuite, dans ces cas-là, est la seule réplique face à l'ennemi qui sommeille en moi et qui me dit : « Tu es indispensable. Sans toi, comment ces jeunes s'en sortiraient-ils ? » Si la prière et le silence sont les atouts maîtres du chrétien qui veut avancer dans la mission qui lui est confiée, l'autre atout majeur dans une tâche comme la mienne est l'équipe. On n'a pas assez d'une vie pour partager ses responsabilités. On n'aura jamais assez de réserve d'humilité pour refuser de croire que seul on peut tout. À chacun sa capacité d'être ou de faire. À chacun aussi de croire, parce qu'il le vérifie, qu'il est un maillon essentiel dans un combat apostolique… mais jamais irremplaçable.

Votre force morale, vous la puiserez dans le silence et la prière. Votre force de travail, vous la puiserez infiniment plus dans le silence et la prière que dans les épinards, le ginseng, les yaourts ou je ne sais quelle supervitamine.

La prière et le silence seront votre « super » quotidien. Le silence dégage les huiles essentielles de votre vie. La prière donne la force de les vivre.

Soyons des serviteurs

Nous avons besoin de directeurs d'usines, de managers, et de cadres pour organiser les activités économiques, c'est entendu. Mais il faut qu'ils soient d'abord serviteurs, c'est à eux que je m'adresse en priorité. Pour être serviteur, il faut être pauvre soi-même.

Moins j'ai de besoins personnels, plus je peux m'occuper des besoins des autres. Plus nous nous appauvrissons, plus nous nous enrichissons dans le combat au service des autres. Si nous sommes encombrés par nos biens, nous ne pouvons plus nous préoccuper d'autrui. Nous sommes pétrifiés par la peur d'être cambriolés.

Le local de ma permanence à Paris a été cassé à plus de vingt reprises. Maintenant cela ne me dérange plus : tout ce qui avait de la valeur a été pris depuis longtemps. Je n'ai presque plus de biens et plus de besoins personnels. Je peux donc me consacrer aux besoins des autres.

Vous qui allez rejoindre votre bureau, soyez le serviteur de vos employés. Cessez d'être des chefs, petits ou grands, flambeurs ou arrogants, regardant à peine ceux qui bossent pour vous.

Pensez que le plus grand de l'usine est celui qui vide votre poubelle très tôt le matin. Si vous êtes chrétien, et que vous adoptiez ce point de vue, alors vous aurez un autre regard et une autre influence sur le monde.

L'argent

On ne réussit pas sa vie sans les autres. De leur liberté et de leur bonheur dépendent les nôtres. On ne peut être soi et ignorer les autres. Oublions-nous que nous avons des pauvres dans nos pays si riches ? Que des gens dans la rue font la manche, crèvent de froid ? Certains n'ont pas les moyens de payer l'électricité de leur logement. Dernièrement, un chômeur est mort d'« hypothermie » dans sa voiture où il passait ses nuits, ai-je entendu. Disons qu'il crevait de froid et de misère.

Si vous, les hommes politiques, vouliez être les serviteurs des autres au lieu de vous préoccuper de vos sondages et de votre réélection ; si vous les directeurs d'entreprise ne cherchiez pas à gagner de l'argent au-delà de ce dont vous avez besoin ; si vous, les chrétiens qui allez à la messe le dimanche, viviez vraiment l'Évangile, tous les pays du monde seraient chrétiens « et se donneraient la main ».

« Malheur à vous, les riches », dit saint Luc, après avoir clamé : « Heureux les pauvres. » Le Christ lui-même dit : « Il est plus facile à un chameau de passer par le trou d'une aiguille qu'à un riche d'entrer dans le Royaume de Dieu. » L'image ne peut pas être plus forte. Sur ce point, le Christ a été saignant.

« Chien méchant »

À notre époque, on ne peut plus avoir la porte ouverte, comme dans l'ancien temps, avec une assiette pour celui qui peut arriver. On double les serrures et on met « chien méchant » en évidence sur le portail !

On est dans une société égoïste et partageante à la fois. Le Français est un bon donateur. Il donne de plus en plus au Téléthon. Bravo ! Mais comme c'est facile de tirer avec sa carte bancaire cent euros pour des jeunes handicapés qu'on ne connaît pas personnellement alors qu'on appelle les flics dès que des jeunes rôdent autour de sa voiture…

Un riche qui ne partage pas quelque chose de la pauvreté de celui qu'il veut aider restera toujours égoïste, fermé sur lui. Quand on ne donne que son superflu, tout don n'est que de la merde.

J'aime bien cette phrase de l'Ancien Testament : « Tu viens de donner à un pauvre, finalement tu lui as rendu une infime partie de ce que tu lui as volé. » Les prophètes de cette époque-là n'étaient pas du genre commode, ils n'argumentaient pas au scalpel, mais à la hache d'abordage. Ils tiraient à boulet rouge sur les riches.

Équitables

Ne soyons cependant pas trop pessimistes. Je vois que beaucoup de gens donnent gratuitement de leur temps dans des associations, des syndicats, toutes sortes de mouvements citoyens ou pastoraux. Ce sont des bénévoles qui donnent de l'amour. Toutes les associations caritatives donnent de l'amour.

Je trouve très intéressantes les initiatives relevant du commerce équitable. Vous connaissez le principe : des boutiques où l'on trouve des produits achetés un peu plus cher directement aux producteurs du tiers monde afin qu'ils puissent vivre décemment de leur activité. C'est une chose magnifique parce qu'elle est source de développement dans de nombreux villages à travers le monde.

Des exemples convaincants montrent que des initiatives économiques positives peuvent aider des gens lorsque l'argent est mis au service du développement. Je pense par exemple à Muhammad Yunus, le banquier des pauvres, au Bangladesh.

Certaines personnes, qui ont de l'argent, participent au progrès de l'homme. Le problème pour les croyants est de participer. Vous vous posez de nombreuses questions sur votre rapport à l'argent. Savez-vous donner mieux ? Vous avez un super-salaire, une grosse voiture neuve, des gadgets inimaginables dans votre salon : êtes-vous pour autant décomplexés face à l'argent ? Je ne le crois pas. Êtes-vous capables de dire combien vous percevez ? Non.

Généralement, l'argent reste un sujet tabou caché dans le coffre fort de la mémoire.

Savoir prendre le temps

Prenez le temps de rire…
C'est la musique de l'âme.

Prenez le temps de jouer…
C'est le secret de la jeunesse.

Prenez le temps de lire…
C'est la fontaine de la sagesse.

Prenez le temps d'être calme…
C'est la condition du succès.

Prenez le temps d'être bon…
C'est le chemin pour être heureux.

Prenez le temps de penser…
C'est la source du pouvoir.

Prenez le temps d'aimer…
C'est la raison de vivre !

Prenez le temps pour travailler…
C'est le prix du succès.

Prenez le temps pour penser…
C'est la source de la puissance.

Prenez le temps de la détente…
C'est le secret de la jeunesse.

Prenez le temps pour vivre…
C'est le fondement de la sagesse.

Prenez le temps pour rire…
C'est la musique de l'âme.

Prenez le temps pour être aimable…
C'est le chemin du bonheur.

Prenez le temps pour regarder…
C'est le remède de l'égoïsme.

Prenez le temps pour prier…
C'est la route directe vers Dieu.

Bonnes vacances

« *Vacances… nouveaux horizons !* » Des pubs d'enfer vous poussent à élargir vos horizons : mas et plages de rêves, mer bleu d'azur, chalets fleuris, îles lointaines… Les prix s'alignent, somptueux. Il y en a pour toutes les fortunes. Évidemment, ces pubs ont oublié les RMIstes, les exclus, mis aux oubliettes, les femmes seules, les anciens calfeutrés dans leurs quelques mètres carrés et les jeunes de banlieue qui rament dur et rêvent de s'évader.

Je vous vois d'ici foncer sur l'A6, dès l'aube, les poches bourrées de vos économies de l'année (les vacances ne vident pas que la tête, elles vident surtout le porte-monnaie), pare-chocs contre pare-chocs, à trente centimètres du tuyau d'échappement du prédécesseur, englués, empestés mais heureux puisque les pubs vous l'ont seriné.

Vous ne pouvez vous passer de cette transhumance, elle fait partie de vos vacances où, espérant vous « oxygéner », vous exportez votre pollution citadine, à ras le bitume.

Je vous vois perdus, roulant à fond la caisse sur cette « HLM routière et horizontale » faite de tas de ferraille agglutinés, puants, pétaradants.

Je vous vois arriver épuisés sur la Côte d'Azur. Vous vous jetez dans les vagues, ou plutôt dans une eau « vaguement » polluée. Sur la plage, vous bronzez à dix centimètres les uns des autres.

Je vous vois faire la queue pour manger dans des fast-foods, cette même malbouffe que vous expédiez en râlant, dans le court espace-temps que votre employeur octroyait à votre estomac quelques jours auparavant.

Je vous vois faire la queue interminablement au remonte-pente.

Je vois vos yeux et vos oreilles emplis de pubs, assourdis par les décibels de votre walkman, loin du chant des oiseaux et du vent dans les arbres.

Votre vision de la nature est limitée au parking, au macadam surchargé, aux chambres d'hôtels bruyantes et aux paysages traversés, consommés à toute vitesse.

Vous contestez les prix, vous râlez dans les embouteillages, vous dormez peu et mangez trop : des vacances superbes, quoi ! Rien de tel, en tout cas, pour vous réconcilier avec le travail !

Surtout les mères de famille, pour lesquelles retourner à la maison fait enfin un peu de vacances...

Enfin paumés !...

Pouvez-vous imaginer une location en pleine nature, ou un lieu perdu où blottir votre tente ? Évidemment, vous risquez d'être asphyxiés par l'oxygène et traumatisés par le silence ! La France profonde vous attend dans ses recoins les plus cachés. Vous les trouverez vite. On ne se bouscule pas au portillon pour les occuper. Votre instinct vous y conduira, au hasard des routes ; il vous suffira d'éviter les pubs accrocheuses qui vous signalent l'endroit « fait pour vous seul », et qui sont publiées à des dizaines de milliers d'exemplaires !

Pouvez-vous rêver de marches solitaires au cœur des Cévennes, de l'Ardèche ou des Alpes ? Pouvez-vous envisager de faire un kilomètre à pied pour aller chez l'épicier du village et ramener du pain de campagne et du fromage de chèvre acheté au couple qui trime dur dans la montagne ?

Pouvez-vous imaginer de vous passer de télé durant un mois ? Lire, contempler, penser, méditer...

Pouvez-vous croire en vos gosses qui n'attendent qu'un mot de vous pour quitter leurs stupides jeux vidéo ?

Pouvez-vous vous baigner dans les yeux purs de votre femme que vous ne regardez plus ?

Je me souviens d'un couple qui, au bord du divorce, a retrouvé durant ses vacances l'amour qui foutait le camp. Ils s'étaient réservé un hôtel grand confort, avec piscine, tennis, jacuzzi, massages thaïlandais, stretching, etc.

Le lendemain de leur arrivée, ils décident de faire une brève promenade digestive. Ils se sont perdus trois jours !… Résultat de cette cure de silence : « Notre amour a retrouvé ses marques durant ces journées harassantes… »

Alors, perdez-vous dans la nature. Pas trop long-temps. Mais suffisamment pour vous y retrouver et retrouver l'autre.

Qui suis-je ? Où vais-je ?

Mettez le bruit en vacances. Le silence porte, en lui-même, une force pas possible. Celle qui permet de s'interroger sur soi. Les questions « Qui suis-je ? », « Où vais-je ? », « Qu'est-ce qui me pousse à agir ? », on peut les biffer toute une vie, en courant après tou-tes sortes de marottes, sauf après soi-même, en refu-sant de se donner des réponses à ces questions vitales. Peut-être avons-nous peur de ces réponses, justement, à cause de l'engagement qu'elles peuvent susciter, et des virages à prendre.

Un homme d'affaires m'interpelle un jour : « Tu as de la chance, Guy, de pouvoir prendre quarante-huit heures tous les quinze jours pour faire silence. Moi, avec mon travail, ma femme et mes trois gosses, j'ai jamais pu ! »

Ma réponse a jailli : « Parce que tu fais la bêtise de ne jamais t'arrêter en prenant prétexte de ton boulot, de ta femme et de tes gosses. Ma vie à moi est aussi torrentielle, si ce n'est plus, que la tienne. Si je n'avais pas comme ascèse ces heures absolument consacrées à moi-même et à Dieu, je manquerais l'essentiel de ce que je veux vivre. Je n'aurais jamais entendu les appels de Dieu dans ma vie concrète. Je n'aurais jamais pu deviner, derrière l'événement, Dieu qui fait signe. Seuls, le silence et la prière ont pu me le faire comprendre. Mais pour cela, il a fallu que je m'arrête et que je m'isole de multiples fois. »

Petit poème porte bonheur

Pour apprendre la valeur d'une année, demande à l'étudiant qui a raté un examen.

Pour apprendre la valeur d'un mois, demande à la mère qui a mis un enfant au monde trop tôt.

Pour apprendre la valeur d'une semaine, demande à l'éditeur d'un journal hebdomadaire.

Pour apprendre la valeur d'une heure, demande aux fiancés qui attendent de se revoir.

Pour apprendre la valeur d'une minute, demande à celui qui a raté son train, son bus ou son avion.

Pour apprendre la valeur d'une seconde, demande à celui qui a perdu quelqu'un dans un accident.

Pour apprendre la valeur d'une milliseconde, demande à celui qui a gagné une médaille d'argent aux jeux Olympiques.

Le temps n'attend personne.

Rassemble chaque instant qu'il te reste, et ils seront de grande valeur.

Partage ces instants avec une personne de choix et ils deviendront encore plus précieux.

Vieillesse

Dans *Vieillir*, Jacques Brel chantait : « Mourir, cela n'est rien, mourir, la belle affaire, mais vieillir… ô vieillir ! Vieillir, soit on ne s'en rend pas compte, soit on le refuse. »

Restez jeunes !

Pour réussir votre vieillesse, restez jeunes ! Mais attention ! Rester jeune ne signifie pas freiner des quatre fers, à coups de potions magiques, pour faire reculer le temps. Ce dernier avance, inexorablement. Et les potions ne sont, la plupart du temps, qu'une énorme escroquerie.

C'est encore moins se tanner la peau, faire effacer ses rides et se foutre des kilos de peinture sur la gueule. On y gagne toujours dans le pire. L'œil humain a horreur des artifices qui ne font qu'accentuer les marques du temps en révélant les ravages de l'âge.

Ce n'est pas non plus une question de fringues. On doit rester à l'aise dans ses pompes avec les habits de son âge, de sa situation, de son embonpoint ou de sa minceur. Quand je célèbre l'Eucharistie, mon vêtement de prêtre m'appelle à l'approfondissement. Et les santiags que je porte dessous permettent au sportif de Dieu que je veux être de courir de rue en rue, de prison en prison. Couper en deux ma vie chrétienne et mon engagement temporel m'enlèverait toute force. L'un dynamise l'autre.

Ce n'est pas non plus en parlant « jeune ». Sachez que les ados ont horreur qu'on les copie. Alors ne rentrez pas dans leur cercle avec un jean baissé jusqu'aux fesses et vos mots liftés. Vous en seriez vite exclu. En revanche, décochez-leur de temps à autre une de leurs expressions favorites ou corsées, ça ravive le dialogue.

Rester jeune, ce n'est pas non plus chercher à acquérir une musculature juvénile et élancée : petites fesses et épaules de Rambo ! Faute de sport régulier, l'adulte s'acharne trop souvent à rattraper le temps où il aurait dû faire jouer ses muscles... Bonjour alors foulures, lumbagos, muscles tétanisés et autres meurtrissures qui le forceront à jouer... au vieillard immobilisé sur une chaise longue !

Vieilles photos

Certains anciens regardent leurs vieilles photos et ils se lamentent. Personnellement, quand je regarde l'une des miennes d'il y a vingt ans, je me dis : « Qu'est-ce que t'étais beau ! » Et pourtant je me suis toujours trouvé laid !

On se compare trop souvent et on se sent diminué. Certes, on marche moins bien, l'ouïe commence à baisser, on porte des lunettes, le sommeil vient plus difficilement, la mémoire déraille parfois, les articulations commencent à grincer, le souffle est plus court, la silhouette change, on grossit, on diminue, on a une bosse dans le dos ou sur le ventre, on perd des pièces, un peu comme une vieille guimbarde, on passe de la grosse cylindrée à la bicyclette, et de la bicyclette au fauteuil.

Non, vraiment, il vaut mieux ne pas comparer !

On vit dans une société où, pour vanter une marque de fromage, ou de cornichons, on exposera les seins ou les fesses d'une fille de seize ans. On ne va pas exposer les seins ou les fesses d'une femme de quatre-vingts ans... parce que personne ne mangerait de ce fromage !

Je dis ça de façon humoristique, pour signifier que le corps d'un ancien est beau, malgré tout. Il est beau parce que c'est de l'intérieur qu'il est beau. Il est même immensément beau.

« Notre homme extérieur dépérit, notre homme intérieur se renouvelle de jour en jour », disait saint Paul. Combien de fois j'ai vu des « vieux lézards » mourir juste au moment où leurs « vieilles taupes » venaient d'avaler leur bulletin de naissance. Dans la journée ou dans l'heure qui a suivi, leur vieux cœur n'a pas tenu. C'est un cadeau de Dieu. Ils ont voulu se rejoindre. L'autre n'avait plus envie de vivre. Et quand on a accompli soixante ans de vie commune, eh bien ça, c'est un beau départ.

Bancs publics

Rester jeune, ce n'est pas non plus chercher je ne sais quels substituts pour baiser comme des castors. Je vois sur des bancs publics de vieux dinosaures de quatre-vingts ans qui se tiennent par la main et qui s'aiment à ne plus savoir qu'en faire. Leurs yeux sont délavés, pourtant ils sont comme ceux des puceaux et des pucelles de seize ans. J'admire leur tendresse humaine extraordinaire.

Ils ne baisent plus comme des castors, juste un petit peu ; mais ils vivent la tendresse de deux êtres qui s'aiment au plus profond. Ils s'aiment dans ce qu'ils ont de meilleur. Ils ont accepté leur différence depuis très longtemps.

Ce n'est plus le sexe qui les réunit, c'est quelque chose d'incompréhensible qui s'appelle l'amour. La vieillesse leur a apporté une sérénité bien préférable à la passion.

Rester jeune, c'est avoir le cœur branché aux quatre vents. Rester jeune, c'est avoir les yeux et les oreilles pour tout ce que la vie trimbale de magie et d'émerveillement. Rester jeune, enfin, c'est avoir un regard d'espérance où les autres pourront lire la joie de vivre que donnent la sérénité, l'amour et la miséricorde.

L'homme qui a ce cœur, ces oreilles et ce regard, a trouvé le secret de l'éternelle jeunesse dans la parole du Christ : « Soyez comme des enfants… »

Jours de solitude

Bien sûr, il peut y avoir aussi la solitude. Parfois le conjoint est mort, ou l'on est séparé. Quant aux enfants, ils sont partis depuis bien longtemps. Maintenant que toutes les chambres sont libres, la maison est trop grande. Cette baraque qui était pleine de vie n'est plus encombrée que de souvenirs !

Si je connais des anciens qui pètent le feu, lisent les journaux, bouquinent, s'engagent aux côtés des exclus, beaucoup abandonnent leurs projets, ne lisent jamais les livres qu'ils avaient mis de côté « pour leur retraite ». Se sentir vieux est surtout lié au sentiment de diminution de sa relation au monde. Certes, il y a les misères physiques, mais le pire, ce sont les épreuves de la solitude, et l'humiliation de la dépendance, ce temps de la suprême pauvreté, qui peut faire perdre le goût de vivre.

Le nombril

En général, on peut sortir de sa solitude, si l'on a arrêté de ne penser qu'à soi et ses petits problèmes. J'ai découvert ce texte plein d'humour, dont je voudrais vous faire profiter :

« Ça me tracasse beaucoup, se dit Dieu, cette manie qu'ils ont de se regarder le nombril au lieu de regarder les autres. J'ai fait le nombril sans trop y penser, comme un tisserand qui arrive à la dernière maille et qui fait un nœud. Pour que ça tienne. Un endroit qui ne paraît pas trop. J'étais si content d'avoir fini ! L'important c'était que ça tienne. D'habitude, ils tiennent bon, les nombrils.

« Mais ce que je n'avais pas prévu et ce qui n'est pas loin d'être un mystère, même pour moi, c'est l'importance qu'ils accordent à ce dernier petit nœud, intime et bien caché. De toute ma création, ce qui m'étonne le plus et que je n'avais pas prévu, c'est tout le temps que les humains mettent à se regarder le nombril au lieu de voir ce qui se passe autour d'eux.

« J'hésite. Je me suis peut-être trompé. Si ce n'était pas trop de tout recommencer, je placerais à chaque humain le nombril en plein milieu du front. Comme cela, ils seraient bien obligés de regarder les autres ! »

Arrêtez de vous regarder le nombril. Un malheur ou une séparation sont toujours terribles, je le comprends, mais nous devons dépasser cela. Le monde est beau malgré les avaries de la vie, ses chocs, ses ruptures et ses imprévus.

Confession et solitude

Psychologues, psychanalystes, thérapeutes de tout poil ont leurs « confessionnaux » envahis. Seulement, en sortant, c'est la même solitude qu'on retrouve, parce qu'au bout de l'écoute de ses faiblesses, le « patient » n'a aucune parole de pardon.

La foi au pardon de Dieu donné, en son nom, par un homme lui-même pécheur qui a reçu mission de nous dire : « Tes péchés sont pardonnés. Va en paix », c'est tout autre chose que la solitude. Ça doit nous donner des ailes, et la joie de savoir que tout renaît, tout est neuf, tout redémarre. Il n'y a rien de plus beau que le pardon ! Il nous fait sortir de la prison où nous tient le péché, pour nous faire entrer dans la joyeuse foule des sauvés.

La confession est l'un des antidotes les plus sûrs à notre orgueil, à notre pauvreté, et à notre solitude.

Votre maître intérieur

Vous avez bien toujours quelques fleurs à soigner, un chat ou un chien à entretenir, mais ça ne va pas loin. La paresse arrive et, avec la paresse, l'ennui vous gagne. C'est le moment de réagir et d'établir un programme strict, tout en acceptant vos limites. Ma vieille mère a jardiné jusqu'à quatre-vingts ans, elle adorait ça. Ce fut très dur pour elle quand elle fut obligée d'arrêter, mais elle se lança dans d'autres occupations qui la passionnaient.

En conclusion, il faut accepter de vieillir dans ce que la vieillesse a de plus nouveau : la sérénité. Si on l'accepte, alors la vie devient superbe. Accepter de vieillir, c'est se mettre une bonne fois pour toutes devant sa glace et se dire : « Tes rides, tes poches, ton dentier, ton ventre, ton double menton, etc., je m'en fous ! »

Et on s'en fiche réellement. Rien à gagner, rien à conserver. Et on ajoute : « Avec mes vieux os, je vais enfin vivre pleinement ! »

Au lieu de vous écraser, la vieillesse doit être votre maître intérieur : si vous l'acceptez et l'assumez, elle ne sera pas un handicap. La vivre avec joie, c'est votre chemin de sainteté. Jean-Paul II montrait une vieillesse en actes, formidablement active.

Accueillez la grâce de Dieu, restez des hommes et des femmes de combat et non des larves pleurnichant sur leurs handicaps physiques, leurs échecs et leurs peines !

Le monde a besoin de vous.

Vivez avec le monde d'aujourd'hui, arrêtez de dire que le passé était extraordinaire. Le passé n'est pas meilleur que le présent, l'homme a toujours été débile, fou, et, en même temps, il est appelé à la sainteté. Arrêtez de dire que demain sera apocalyptique. Vivez aujourd'hui, pleinement. Le Seigneur vous l'a dit dans le « Notre Père » : « Donne-moi aujourd'hui le pain du jour. » Et vous aurez une vie splendide. Ça s'appelle la sainteté.

Le meilleur moment de votre vie, c'est aujourd'hui.

OK !

OK, la vue baisse. Normal. Alors on porte des lunettes pour les petits caractères et… pour percevoir plus finement la vie des autres.

OK, les dents se trimbalent. Un dentier s'impose. Faisons avec. Ça nous retiendra de mordre à pleines dents les autres à coups de jugements tout faits.

OK, l'ouïe commence à faiblir. Ça contraint à tendre l'oreille et à être plus vigilant aux cris des hommes de son temps.

OK, les tibias s'engourdissent. C'est l'heure de la marche. Sortir. Prendre l'air du temps. Par tous les temps. Couvrez-vous simplement « avec le manteau de l'Amour », nous recommande saint Paul.

Faites-en un programme de vie. Trop de ventres

s'alourdissent, d'artères s'encrassent, de tensions grimpent par indolence, par inertie, par refus de bouger son corps. Les cachets hâtivement pris, à l'heure des repas, sont le signe, souvent, de notre refus de confronter nos vieux tibias à la marche inexorable du temps. On ne rattrape pas le temps. On le pacifie en abandonnant avec élégance les forces de la jeunesse. En maintenant, vigoureux, son corps et son cœur.

Méditation souriante…

Pour ceux qui se croient toujours jeunes…

J'ai cueilli mes quatre-vingts ans dernièrement et j'y pense souvent.

Ainsi le coin de la rue est deux fois plus loin qu'avant

Et ils ont ajouté une montée que je n'avais jamais remarquée !

J'ai dû cesser de courir après le bus parce qu'il démarre bien plus vite qu'avant.

Je crois qu'on fait les marches d'escalier bien plus hautes que dans le temps.

Et avez-vous remarqué les petits caractères que les journaux se sont mis à employer ?

Cela ne sert à rien de demander aux gens de parler clairement.

Tout le monde parle si bas qu'on ne comprend quasi rien.

On nous fait des vêtements si serrés, surtout à la taille et aux hanches, que c'est désagréable.

Les jeunes gens eux-mêmes ont changé,
Ils sont bien plus jeunes que quand j'avais leur âge.

Et, d'un autre côté, les gens de mon âge sont bien plus vieux que moi.

L'autre jour, je suis tombé sur une vieille connaissance : elle avait tellement vieilli qu'elle ne me reconnaissait pas !

Je réfléchissais à tout cela en faisant ma toilette ce matin.

Ils ne font plus d'aussi bons miroirs qu'il y a soixante ans !

Une saveur d'éternité

À quinze ans, je m'en souviens encore, l'horizon 2000 me semblait inatteignable. Depuis huit ans, je l'ai dépassé allégrement. « Vieillir est un naufrage », affirmait de Gaulle. Cette phrase historique de notre grand Charles me semble cruelle et injuste. Vieillir, pour moi, est un enchantement. Je donne à mes soixante-treize ans la pleine puissance de mon être comme à trente ans. Mais le vieillissement guette ; mes muscles, que je veux toujours bouger régulièrement, sont frais et dispos. Pour monter, par exemple, dans les arbres. Je monte donc et remonte avec joie. Les muscles chauds répondent superbement sur le moment, mais le lendemain,

au réveil, ils me font sentir, ces muscles de septuagé-
naire, qu'ils n'ont pas l'âge de mon désir.

Tant pis. Garder intacts ses rêves d'enfant donne au
vieillissement une saveur d'éternité.

Mon rapport au temps se situe dans les vingt-
quatre heures dont je dispose. C'est ma limite. D'hier,
je m'en fous ; de demain, je m'en contrefous ; seul
aujourd'hui me passionne. Ne pas perdre une minute
de rencontre, d'amour à donner et à recevoir, c'est
mon choix quotidien d'aimer à tout casser. J'imagine
le paradis tellement plus beau, plus envoûtant que les
plus sublimes paysages, les plus fulgurantes étreintes
que seuls l'amour et l'amitié peuvent offrir. Je tente
de vivre le paradis ici-bas, malgré les ombres, les
contraintes. Que l'amour en moi ne vieillisse jamais.

Ayons joie à vieillir

Combien d'anciens vivent une vieillesse sclérosée,
parce que emplie de futilités et du refus de se prendre
la tête dans les mains pour donner du temps à Dieu !
La vieillesse est une grâce à vivre.

Une spiritualité travaillée tous les jours par la prière
et l'action, vous donnera cette paix irremplaçable.

Jeunes, on était cons, définitifs, fougueux, fracas-
sants, pleins de rêves. Anciens, on est moins cons,
moins catégoriques, plus prudents, mais toujours
pleins de rêves.

L'éternité vient doucement. Quelle joie ! Ce visage tant prié, tant désiré, prend forme. C'est l'Amour. Il n'a pourtant pas de visage, l'Amour. Il est l'éternité où il n'y aura plus de souffrance, de mort à craindre, de manques à supporter.

La vieillesse est également l'heure du bilan. Nous pouvons avoir un double regard sur notre vie : celui de la déception comme celui de l'émerveillement. On peut également se dire que, oui, on a manqué des choses, mais que l'on a encore tant de choses à vivre.

Que l'ancien trouve toujours et partout l'humble chemin de l'amour ! C'est toujours la « théologie des vingt-quatre heures ». Que l'on ait vingt ou quatre-vingt-dix ans.

La vieillesse est un don de Dieu. C'est quand on vieillit qu'on se dit : « Maintenant, aujourd'hui. » La faiblesse de la vieillesse fait aussi sa force.

L'hiver a froid

Aussi, quelquefois, mon cœur, mon corps, mon âme ont froid,

Mes yeux, mes jambes me trahissent.

Alors, quand tout cela me désespère,

Je me souviens du passé et je pense à ce qui est à venir.

Si je regarde derrière, je dis :

Merci pour la vie,

Merci pour ses joies qui fortifient,

Merci pour ses peines qui enrichissent,
Merci pour l'amour rencontré et partagé,
Merci pour nos filles et nos garçons,
*Qui, avec leur sourire, nous apportent la force de
continuer à regarder l'avenir.*
Si je regarde devant,
Je dis à tous, enfants, amis, soignants,
Pardon pour tous mes manques, mais aussi,
*Merci de m'aider à accepter que l'âge fragilise mon
corps, mon cœur, mon âme,*
Merci de m'aider à aimer encore, à sourire encore.
Ce que je vous demande là,
C'est un peu mon passeport pour l'éternité.

Une merveilleuse rencontre

La mort ! Ah ! la mort. On l'appréhende, on calcule, on recalcule et l'on se dit : « Voyons, combien de temps il me reste ? »

La mort se rapproche, évidemment. On la craint ou on l'attend calmement. Autour de nous, les deuils se multiplient et nous troublent. Le cercle d'amis se rétrécit...

Il ne faut pas avoir peur de ce moment, mais au contraire s'y préparer. Comment ? En vivant sa vieillesse à fond. La vie est un super-cadeau, à n'importe quel âge. Il faut profiter de ce cadeau jusqu'à son dernier souffle.

Donc j'accepte de vieillir avec mes dentiers, ma maladie de Parkinson, mon arthrose, mes cannes, ma vue qui baisse, etc.

Et là, je m'adresse aussi aux jeunes de trente-quarante ans. Je leur dis que l'on peut vivre sans avoir jamais vécu. Les sept dons du Saint-Esprit, c'est pour tous les âges.

Je les avais cités au départ du grand pèlerinage de la vie, mais je les récapitule pour les anciens.

La sagesse. Elle est donnée à tous les âges mais davantage aux anciens, qui connaissent plus de la vie. Normalement, quelqu'un de sage ne commet pas les mêmes fautes.

L'intelligence des situations. Les coups durs m'ont plus appris que les joies. Les anciens ont en général plus d'intelligence sociale, de meilleurs rapports humains. À votre grand âge, vous restez éveillés sur le monde.

Le conseil. « Quand un ancien disparaît, c'est une bibliothèque qui brûle », dit-on. La couronne des vieillards est le signe d'une riche expérience. Notre mère était notre mémoire, même à la fin de ses jours. Elle se souvenait de petites choses à propos de chacun de nous. Mais attention, les anciens, vous êtes bourrés de conseils. Ne les envoyez pas en permanence dans la gueule de vos enfants et petits-enfants. En général, ça ne marche pas. Attendez qu'ils viennent vous les demander d'eux-mêmes en les contestant… évidemment.

La force. Accepter le déclin. Assumer ses vieux os. Certains anciens ont une puissance intérieure extraordinaire. Cette force est plus importante que celle des muscles : c'est la force d'amour, de paix et de miséricorde. Elle peut même aider à guérir.

La science. Durant votre vie active, j'espère que vous avez su prendre du temps pour Dieu. Si vous ne l'avez pas fait, il est urgent de vous en occuper maintenant en allant à Sa rencontre. Il n'est pas loin. Il vous attend depuis toujours.

La piété. Certains « y reviennent ». Dans les églises, on voit en premier lieu les anciennes. On peut prendre du temps pour prier. Certains et certaines intègrent des équipes pastorales : ils font le catéchisme, aident à préparer les mariages. Beaucoup de chrétiens militent jusqu'à un âge avancé. J'admire la fidélité des anciens qui travaillent en Église. Ils sont de magnifiques pierres vivantes. Au début de l'Église, on ne nommait évêques que des vieux prêtres.

La crainte de Dieu. J'ai connu une dame de quatre-vingt-deux ans qui venait à toutes mes messes mais qui refusait qu'on lui parle de la mort. N'ayez pas peur de Dieu, comptez sur Sa miséricorde. N'oubliez pas : Dieu nous attend, à n'importe quelle heure du jour et de la nuit. Ressentez la joie d'aller vers Lui. Une mort bien préparée, bien pressentie, fait vivre à fond la caisse l'instant présent.

Et puis les anges, ils étaient là, ils sont toujours là, et ils seront là à l'heure de notre mort.

« Que les anges te conduisent jusqu'au paradis », chantons-nous aux funérailles.

Le royaume aux mille saveurs

Si vous avez depuis longtemps apprivoisé l'approche de la mort, le moment venu vous verra prêt. À ce moment de vérité, je vous souhaite d'être dans la disposition joyeuse qui est la mienne aujourd'hui. Pour moi, je suis persuadé que Marie sera là. Lui avoir demandé des milliers de fois au cours de l'*Ave Maria* : « Prie pour moi, pauvre pécheur, maintenant et à l'heure de ma mort » n'est pas formel. J'ai la certitude qu'elle sera présente pour le Passage. Je souhaite simplement, comme tout le monde, ne pas être trop handicapé en fin de vie, même si des jeunes devenus adultes maintenant, que j'ai servis pendant tant d'années, m'ont déjà annoncé qu'ils se feraient une joie de pousser mon fauteuil roulant !

Votre mort : que ce soit une fête. C'est la fête que vous avez cherchée toute votre vie.

Ce que je n'aime pas, personnellement, dans les enterrements, ce sont les envolées dithyrambiques dites par des gens très cathos, avec un phrasé superbe. Je vous en prie, évitez-moi ça ! Je préférerais que des jeunes loubards puissent témoigner avec leurs mots, sans écrits, de ce que j'ai vécu de meilleur au milieu d'eux.

Mais vous pouvez choisir autre chose ! Ce que j'aimerais surtout, c'est qu'on fête avec moi cette rencontre avec Dieu. Que ce soit une vraie fête, pleine d'espérance, pleine de joie, sinon je redescendrai sur terre en gueulant : « Pourquoi pleurez-vous ? Je suis très bien, je suis très très heureux là-haut maintenant. C'était le sens de ma vie ! »

Dès le premier jour

Dès le premier jour
de ta naissance,
la mèche est allumée.
Tu viens,
tu brûles,
tu pars.
Ce qui en toi
est amour
devient lumière
et durera.
Le reste
n'était rien.

Ai-je réussi ma vie ?

Ai-je réussi ma vie ? Jusqu'au dernier instant, tout peut vaciller. C'est au moment où j'avalerai mon bulletin de naissance que les autres pourront répondre à la question. Pas moi.

La réussite d'une vie tient à la convergence de sa foi et de ses actes. Le destin d'une personne, c'est la rencontre d'une personnalité et d'un événement. L'événement arrive, on le prend ou on ne le prend pas, parfois on réussit, parfois on se plante. Mais si on met sa prière en actes, alors on réussit. « Si tu as l'amour humain et si tu sais que cet amour vient de Dieu, tu es invincible », disait Jean Paul II. Tu es totalement libre de gérer ta vie, mais cette liberté est conditionnée par l'amour de Dieu.

Si tu es en éveil, dans un climat de prière, si tu prends l'événement en fonction de l'Évangile, le Seigneur t'inspirera.

C'est un truc extraordinaire, l'Évangile, c'est une grâce formidable. L'Évangile est une parole qui provoque, qui s'exprime en toi sans même que tu le saches, et qui te met sur la route.

Sa lecture anticipe le cours des choses. Je dis toujours que la Providence « me devance d'un quart d'heure ».

C'est ainsi que les événements fondateurs de ma vie sont arrivés, comme la fabuleuse histoire – je l'ai mainte fois racontée – du jeune qui me dit, il y a trente-huit ans : « Guy, on en a marre de ce putain de béton, cherche-nous une ruine loin de Paris. » J'ai entendu ça, je l'ai bien gardé, et je lui ai répondu : « Ta putain de ruine, on va la chercher. » On en a visité cent… Jusqu'au jour où on prend en stop un vagabond. Mon Dieu, qu'il puait ! Épouvantable. À la fin du voyage, descendant pour reprendre la route, il me tend une carte toute fripée représentant une rose et me dit : « Vous trouverez la ruine que vous cherchez. »

C'était l'ange du Seigneur, j'en suis certain. Trente ans après, je me souviens encore de ses yeux, couleur myosotis.

Réussir sa vie, c'est rebondir sans cesse. Malheureusement, beaucoup de gens s'enterrent dans l'échec. Et Dieu sait si, avec des jeunes extrêmement difficiles, je vis dans l'échec. La réussite du Christ a été de passer par là. Humainement, ce que je vis est souvent insupportable, mais je sais que le Christ, pour arriver à la Résurrection, est passé par la Croix, c'était le chemin obligatoire. Alors je supporte mon quotidien, je le porte et je l'offre à celui qui est l'Amour.

Ai-je réussi mon cœur ? Mon célibat, imposé par l'Église, m'a obligé à composer avec mon affectivité. Et ça, ce n'est pas évident. Réussir sa vie, normalement, c'est réussir avec un(e) autre, dans une relation privilégiée. N'ayant personne en particulier, j'ai travaillé sans cesse à ce que mon cœur batte au sein de l'Église, au service de tout le monde, je me suis entouré de beaucoup d'amis qui m'ont permis de sublimer. Et c'est finalement devenu un enchantement. Le célibat est aussi une très belle histoire d'amour.

Réussir sa vie, c'est cultiver ses dons d'enfance. Déjà tout petit, je ne pouvais accepter que quelqu'un souffre.

Réussir son corps ? Je me suis mesuré avec mon corps dès l'âge de treize ans, lorsque, « bouboule », je m'obligeais à courir trois mille mètres tous les jours pour maigrir. Je continue à l'écouter, pas démesurément mais suffisamment pour sentir mes muscles. Ils aiment jouer comme à vingt ans, ils ont toujours le même appétit… Manque de pot, ils s'usent et demandent à ma tête de compenser.

Ai-je réussi en amitié ? J'ai toujours pensé que ce sentiment était plus fort que l'amour, et je l'ai fidèlement cultivé, surtout avec les êtres abîmés. Je suis l'éducateur, puis le père, le frère et enfin l'ami. Mais « prêtre des loubards »… non ! « Prêtre de l'universel » me va mieux car mon sacerdoce compte plus que tout et pour tous.

Pour réussir dans la vie, c'est simple, il suffit d'avoir un axe. Le mien, c'est le sacerdoce incarné dans les êtres dont personne ne veut. Les jeunes marginaux ont fait de moi ce que je suis. La joie de ma vie a été de me lover dans leur violence, dans leurs deux cents mots de vocabulaire, dans leur grossièreté même. Ils ont « réussi ma vie ». Et l'Église a réussi ma vie en me faisant confiance, en me portant dans les dons que j'avais. Un jour, un prêtre dit à l'une de mes adjointes : « Guy Gilbert a onze dons ! » Étonné, je me suis précipité pour les connaître… il venait de mourir !

L'amour que j'ai reçu, je n'ai cessé de le rendre aux autres, du loubard au prince. Huit jours avant de célébrer l'union de deux altesses royales, en 2003 – cathédrale Sainte-Gudule… 20 000 roses…1 500 nobles ou magnats du pétrole… 10 millions de téléspectateurs… –, j'avais marié un couple de loubards devant cinq personnes. Et puis j'ai foncé chez les moines, deux heures après mon retour à Paris, afin que toutes ces dorures ne déteignent pas sur ce que je suis : soixante kilos à poil, ça pisse pas loin.

Les événements de ma vie, je les prends, mais je reste fidèle à ma ligne. Les princes de ma vie sont les malchanceux de la vie, ceux que je fréquente en prison : assassins, violeurs, déshérités de tout poil.

Combien de personnes ai-je converties ? Bien peu, sans doute. Je n'ai pas une sainte calculette qui me dit : « Ça y est, Guy, t'en a accroché un pour l'Église catholique romaine ! » En revanche, je reçois beaucoup de lettres de femmes et d'hommes me disant qu'ils ont retrouvé le chemin de l'Église grâce à mon témoignage et celui de mon équipe.

C'est ça qui est important, le témoignage. Le témoignage du Christ vivant au milieu des pauvres, malgré toutes les déflagrations qu'il a reçues – entre autres des pharisiens –, m'a toujours séduit. Je tente de l'inscrire au cœur de ma vie.

Réussi, mon vœu de pauvreté ? Là, j'ai réussi magnifiquement. On m'a cambriolé vingt-neuf fois ! Évidemment, c'est grâce aux autres, encore une fois…

Mon but, finalement, a toujours été de réussir la vie des autres. Je perds, je gagne. Un jour, un mec m'a dit qu'il n'attaquait plus les vieilles qui sortaient de la banque, mais qu'il faisait la banque elle-même, et avec un pistolet d'alarme parce qu'il n'acceptait plus de mettre une goutte de sang sur un billet. C'est l'une de mes plus belles victoires.

Ta réussite peut prendre mille formes, mais si tu vas jusqu'au bout de ton combat, tu adhéreras à tous les autres. Mystiquement, tu en seras imprégné.

La réussite d'une vie passe aussi par le regard que l'on porte sur l'autre. On réussit l'autre en cherchant sa part de cristal. Ce regard est invincible. La réussite d'une vie c'est de s'émerveiller jusqu'à ce que ses yeux se ferment. C'est voir des vivants autour de soi, et non des dossiers, des chiffres, des images.

La réussite d'une vie, c'est ne pas voir dans l'autre un étranger, mais plutôt deviner en lui la vérité qui te manque.

« Ce n'est que pour ton amour, et pour ton amour seul, que les pauvres te pardonneront le pain que tu leur donnes », disait saint Vincent de Paul. Lorsque tu sais ça, l'autre ne peut plus jamais être un étranger sur cette terre. Et toi non plus tu n'auras pas vécu en étranger.

Aider les plus faibles, les porter, les secourir : voilà le sens que j'ai donné à ma vie. Mais l'amitié qui me lie à eux est au-delà du pain partagé, du logement trouvé ou du mandat au prisonnier. Seul Dieu jusqu'à ce jour m'a donné la force de croire que la réussite d'une vie, c'est l'autre qui la construit. Et dans mon cas, ce sont ceux et celles qui sont les plus démunis de notre société.

Récapitulatif des conseils

• Vibrez à toute misère, toute souffrance et soyez là pour apaiser et réconcilier.

• Prenez du temps pour vous-même.

• Que le silence soit votre atout maître. Recherchez-le tous les jours.

• Que votre famille soit grâce pour vous et les vôtres.

• Développez votre puissance d'écoute et de dialogue pour ceux qui vous solliciteront.

• Soyez des êtres de miséricorde : pardonnez et demandez pardon.

• Aimez votre corps, respectez-le, soyez-en le maître.

• Que vos cinq sens soient un hymne de louanges à la Création. Ils vous aideront à aimer la vie.

• Apprenez à discerner : vous avez en vous la sagesse qui vous permettra toujours de faire des choix et de savoir ce qu'il faut faire.

• Cultivez votre regard. Contemplez chaque visage, recherchez ce qui l'anime.

• Ayez le sens du devoir : bien exécuter sa tâche permet de faire ce que l'on dit et de dire ce que l'on fait.

• Vous avez reçu les douze fruits de l'Esprit-Saint : l'amour, la joie, la paix, la longanimité, la charité, la bénignité, la fidélité, la modestie, la tempérance, la miséricorde, la continence et la chasteté. Profitez-en.

• Pour réussir l'aventure de votre vie, il vous faut garder la joie.

• Chaque jour, aimez à tout casser pendant vingt-quatre heures. Vivez dans le présent.

• Multipliez les petits gestes : chacun d'entre eux est important.

• Faites tout par amour.

• Soyez don au service des autres.

• Luttez contre la désespérance. Que votre arme soit le respect de tout être.

• Soyez solidaire, partagez sans retour.

• Aimez le plus pauvre, celui ou celle à qui personne ne parle.

• Priez. Dieu vous donnera l'espérance, demandez-lui un cœur nouveau.

• Préparez-vous à l'amour, n'ayez pas peur de former un couple.

• Gardez purs, votre cœur, votre corps, votre âme, tout ce que vous avez d'unique.

• Dans votre vie de famille, pensez au conjoint

d'abord. C'est le couple qui est prioritaire, l'enfant n'arrive qu'après.

• Le corps de l'autre n'est pas un banc d'essai, respectez-le.

• Ne semez pas vos désirs sur le jardin d'autrui. Cultivez bien le vôtre.

• Vous êtes important, à votre place, dans votre métier. Accomplissez votre tâche avec votre cœur, vous en révélerez les pépites.

• Ne soyez pas orgueilleux : à chacun sa capacité d'être ou de faire.

• Sachez partager vos responsabilités.

• Soyez des serviteurs au service des autres.

• Quand vous donnez à un pauvre, partagez aussi quelque chose de sa pauvreté.

• L'argent ne doit pas être le maître de votre vie.

• Prenez des vacances paisibles pour vous retrouver vous-même et retrouver les autres.

• Pour réussir votre vieillesse, restez jeunes : ayez le cœur branché aux quatre vents, un regard d'espérance, de sérénité et d'amour.

• Vous les anciens, arrêtez de vous regarder le nombril, ouvrez-vous aux autres. Le monde a besoin de vous.

• Le meilleur moment de votre vie, c'est aujourd'hui.

• La prière et l'action vous aideront chaque jour à vieillir dans la joie.

• N'ayez pas peur de la mort. Elle vous mènera à la plus belle des rencontres.

Bibliographie

ANDRÉ Christophe, *Vivre heureux*, Odile Jacob, 2004.
–, *Imparfaits, libres et heureux* , Odile Jacob, 2006.
CHERGÉ Christian de, *L'invincible espérance*, Bayard, 1997.
CYRULNIK Boris, *Parler d'amour au bord du gouffre*, Odile Jacob, 2004.
Sœur EMMANUELLE, *Chiffonnière avec les chiffonniers*, Éditions de l'Atelier, 2002.
ENGLEBERT Omer, *La vie de saint François d'Assise*, Albin Michel, 1998.
LECOMTE Jacques, *Donner un sens à sa vie*, Odile Jacob, 2007.
Abbé PIERRE, *Mon Dieu… pourquoi ?*, Plon, 2005.
–, *Servir*, Presses du Châtelet, 2006.
Mère TERESA, *Nous serons jugés sur l'amour*, Paulines/ Mediaspaul, 1986.
SALOMÉ Jacques, *Le courage d'être soi*, Pocket, 2003.
SALOMÉ Jacques, GALLAND Sylvie, *Si je m'écoutais je m'entendrais*, Éditions de l'Homme, 2003.

Table

TABLE

Cet ouvrage a été achevé d'imprimer
en mai 2008 dans les ateliers de Corlet
à Condé-sur-Noireau

N° d'imprimeur : 111755
Dépôt légal : mai 2008
ISBN : 978-2-84876-116-9
Imprimé en France